Mi libro de misa

Tel. 917 425 113 - Fax 917 425 723 - secretaria.edit@sanpablo.es

Título original: *Mon livre de messe*
Traducido por *Elena Pérez Macía*

Distribución: SAN PABLO. División Comercial (Resina, 1. 28021 Madrid)
Tel 917 987 375 - Fax 915 052 050 - ventas@sanpablo.es
www.sanpablo.es
ISBN 84-285-2869-1
Printed in France. Impreso en Francia - nº L98956_A

Mi libro de misa

Texto de Marie-Hélène DELVAL

Ilustraciones de Hervé FLORES

SAN PABLO

Te gusta encontrarte con tus amigos para hablar, jugar, celebrar tu cumpleaños...
Jesús también es tu amigo.
Él tiene muchísimas ganas de verte.
Le puedes encontrar en casa, cuando rezas, en el colegio, y también entre tus amigos.
Él te espera muy especialmente en la misa de los domingos.
Aquí, nos reúne a todos, a pequeños y grandes.
Él está con nosotros cuando rezamos y cantamos.
Él nos entrega su cuerpo, su sangre, su paz y su gloria.
Es una auténtica fiesta. Jesús está con nosotros.
Ya no hay pequeños ni personas mayores; todos unidos somos hijos de Dios, a quien llamamos "*Padre nuestro*".
Déjate inundar por la alegría de encontrarte con Jesús, nuestro amigo.

El domingo es un bellísimo
día, un día para descansar.
El domingo es también un
día de fiesta.
Le llamamos el Día del Señor.
Dios nos da la oportunidad de encontrarnos.
Celebramos que Jesús ha resucitado.
Los domingos, los cristianos vamos a la
Iglesia: nos reunimos para proclamar
que Jesús ha resucitado.

Entramos en la Iglesia. Se encienden las velas sobre el altar. Hay flores, como en una fiesta.

El sacerdote se ha puesto un alba blanca y una estola de color. Fuera, las campanas tocan. La misa va a comenzar.

En el nombre del Padre,
y del Hijo,
y del Espíritu Santo.

Amén.

El sacerdote nos acoge dándonos la bienvenida. Vamos a cantar y a rezar juntos. Hacemos sobre nuestro cuerpo la señal de la cruz y decimos:
"Señor, estamos aquí contigo".

Señor,
ten piedad.
Cristo,
ten piedad.
Señor,
ten piedad.

Nos ponemos en presencia del Señor Jesús. Él viene a dar a todos los hombres el amor y el perdón de Dios. Él perdona nuestras faltas.

Gloria a Dios en el cielo
y en la tierra paz
a los hombres que ama el Señor
Por tu inmensa gloria
te alabamos,
te bendecimos,
te adoramos...

En verdad, Dios nos ama y así lo creemos. Entonces, cantamos que Él es grande, que Él es bueno, que Él es santo. Somos muy felices de que Él sea nuestro Dios.

Ahora, nos sentamos para poder escuchar. Algunas personas de nuestra comunidad leerán los textos de la Biblia. Es el gran libro que cuenta la historia de amor entre Dios y los hombres. Esta historia comenzó antes de la venida de Jesús y continúa siempre viva. Decimos que es Palabra de Dios. Sí, Dios nos habla en cada momento del día.

La primera lectura

La historia de los primeros creyentes la encontramos en el Antiguo Testamento. Ellos esperaban la venida de Jesús.

El salmo

Los salmos son oraciones muy antiguas. Jesús las rezaba muy a menudo.

La segunda lectura

Es una carta escrita a los primeros cristianos por san Pablo, san Pedro, Santiago o san Juan.

Estos bellísimos textos son, a veces, difíciles. Hay que escucharlos con mucha atención, Dios nos habla en ellos. ¡Tenemos toda una vida para comprenderlos!

¡Aleluya !
¡Aleluya !
¡Aleluya !

¡Aleluya! es una exclamación de gran alegría para alabar a Dios: "Dios es bueno y grande, y le damos las gracias por la Buena Nueva del Evangelio".

Evangelio de Jesucristo según...

Mateo, Marcos, Lucas y Juan. Cada uno de ellos escribió un evangelio. En cada eucaristía, leemos el texto de uno de ellos.

¡Gloria a ti, Señor!

Escuchamos el evangelio.

–¡Palabra de Dios!

–¡Gloria y honor a ti, Señor Jesús!

En los evangelios, Mateo, Marcos, Lucas y Juan nos cuentan cómo Jesús vivía y lo que Él decía de Dios. El sacerdote lee el evangelio y después nos lo explica en la homilía.

Creo en Dios.
Creo en Dios Padre.
Creo en Jesucristo, su Hijo.
Creo en el Espíritu Santo.
Creo en la Iglesia.
Amén.

Con todos los bautizados, expresamos nuestra fe: "Creo en Dios". Es la fe de la Iglesia, es la fe de todos los cristianos.

Rezamos por la Iglesia
y por todos los creyentes;
rezamos por los hombres, las mujeres
y los niños de toda la tierra;
rezamos por todos los que sufren;
rezamos por todos los que estamos aquí hoy,
y por las personas que ya no están
con nosotros.

Señor, escucha nuestra oración.

Ahora nos unimos todos en oración. Es una gran y única oración. Nuestra plegaria es para todo el mundo.

En el momento de la colecta, pasamos unos cestillos o bolsas de tela y cada uno da algo de dinero. Servirá para las personas que más lo necesitan y para mantener la Iglesia.

Ahora presentamos el pan y el vino. Se convertirán en el cuerpo y la sangre de Cristo. Los que coman de este pan y beban de este vino recibirán la vida eterna.

–Bendito seas, Señor, por este pan
y por este vino, frutos de la tierra
y del trabajo de los hombres.
Ellos serán para nosotros
pan de vida
y bebida de salvación.

–Bendito seas por siempre, Señor.

El pan y el vino presentado a Dios se convierte en el cuerpo y la sangre de Cristo. Le presentamos también nuestro trabajo y nuestra vida.

¡Santo, santo, santo
es el Señor, Dios del Universo!
Llenos están el cielo y la tierra
de tu gloria.
¡Hosanna en el cielo!
Bendito el que viene
en nombre del Señor.
¡Hosanna en el cielo!

Cantamos: "¡Hosanna!". Es una manera de expresarnos con alegría.
Quiere decir: "Tú nos salvas".

Antes de morir, Jesús nos demuestra su amor. Sentado en una mesa, junto a sus discípulos, tomó un trozo de pan, lo bendijo y lo repartió a sus discípulos diciendo:

Tomad y comed todos de él,
porque esto es mi cuerpo,
que será entregado por vosotros.

El sacerdote nos muestra el pan. Es el cuerpo de Jesús que se entrega por nosotros.

Después, tomó un cáliz lleno de vino, dijo de nuevo una oración para dar las gracias y pasó el cáliz a cada uno de sus discípulos, diciéndoles:

Tomad y bebed todos de él, porque este es el cáliz de mi sangre...

El sacerdote muestra la copa de vino. Es la sangre de Jesús derramada por nosotros.

Por Cristo, con Él y en Él,
a ti, Dios Padre omnipotente,
en la unidad del Espíritu Santo,
todo honor y toda gloria
por los siglos de los siglos.

Amén.

El sacerdote eleva la forma consagrada. Con Jesús, elevamos y ofrecemos nuestra vida a Dios.

Padre nuestro, que estás en el cielo,
santificado sea tu Nombre;
venga a nosotros tu reino;
hágase tu voluntad
en la tierra como en el cielo.
Danos hoy nuestro pan de cada día;
perdona nuestras ofensas,
como también nosotros perdonamos
a los que nos ofenden;
no nos dejes caer en la tentación,
y líbranos del mal.

Rezamos la oración que Jesús ha enseñado a sus discípulos, sus amigos. Él también nos la ha enseñado a nosotros. Sí, Dios es nuestro Padre, y nosotros somos sus hijos.

–Que la paz del Señor
sea siempre con vosotros.
–Y con tu Espíritu.
–En el espíritu de Cristo
resucitado, daos
fraternalmente la paz.
–¡La paz esté contigo!

A los que están más cerca de nosotros, les decimos: ¡La paz esté contigo! Queremos amarnos como hermanos y hermanas de Jesucristo.

Cordero de Dios,
que quitas el pecado del mundo,
ten piedad de nosotros.

Cordero de Dios,
que quitas el pecado del mundo,
ten piedad de nosotros.

Cordero de Dios,
que quitas el pecado del mundo,
danos la paz.

Llamamos a Jesús "Cordero de Dios" porque da la vida por nosotros.

Ahora, los que desean comulgar se preparan y avanzan hacia el altar. Van a recibir en sus manos un poco de pan, la forma consagrada. Es el cuerpo de Cristo, es su vida la que nos entrega, para que estemos siempre con Él, y Él en nosotros.

Si somos todavía muy pequeños, y no hemos hecho la primera comunión, le podemos decir a Jesús que le amamos, que creemos de verdad que Él nos ama y que esperamos de corazón comulgar muy pronto.

– El cuerpo de Cristo.
– Amén.

– La sangre de Cristo.
– Amén.

La persona que va a comulgar dice: "Amén", que significa: "Creo, quiero vivir con Jesús".

– La bendición de Dios todopoderoso, Padre, Hijo y Espíritu Santo, descienda sobre vosotros.
– ¡Amén!

– ¡Podéis ir en paz!
– ¡Demos gracias a Dios!

La eucaristía ha terminado. El sacerdote nos envía, como a misioneros, a proclamar la buena noticia de que somos hijos de Dios. Con Jesús amamos a los demás, como Dios mismo nos ama.

¡Hasta el próximo domingo!

Este pequeño libro es una introducción a la eucaristía de los domingos. Ha sido concebido para niños a partir de cinco años. Los más pequeños podrán encontrar, en las actitudes del que preside la celebración o la asamblea, los gestos, las actitudes o los movimientos evocados por las ilustraciones.
Sobre cada dibujo, unas cuantas líneas de texto ofrecen una sencilla explicación. Se pretende, de esta manera, dar respuesta a las numerosas cuestiones que se pueden plantear los niños.

Es importante ayudar al niño a comprender todo este proceso, para que él mismo se ubique en la celebración y no le resulte, como en muchas ocasiones, lejana y distante.

Ayudar al niño, sobre todo al principio, a que haga los gestos litúrgicos (la señal de la cruz, el gesto de la paz...), a participar en los cantos, a adoptar actitudes propias de la celebración eucarística (ponerse de pie, sentarse, arrodillarse). De esta forma, domingo tras domingo, los niños se sentirán a gusto al rezar junto a sus papás, otros adultos y demás niños en el gran corazón de la asamblea.

Los objetos de la misa

El alba: es la larga túnica blanca con la que se viste el sacerdote. El origen de su nombre viene del latín *alba,* que significa blanco.

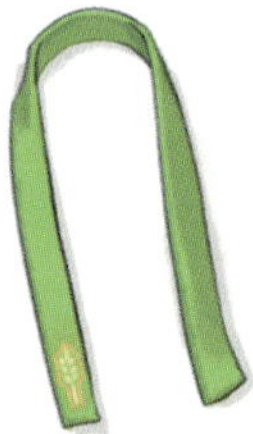

La estola: es una larga bufanda de tela de distintos colores que llevan los diáconos, los sacerdotes y los obispos.

El altar: es la mesa donde están el pan y el vino. Desde aquí, el sacerdote hace la oración eucarística.

El cáliz: esta copa contiene el vino de la eucaristía.

El copón: esta copa o vaso sagrado, a menudo cerrado con tapa, sirve para guardar las formas consagradas, después de la celebración de la eucaristía.

La patena: sobre este pequeño plato, el sacerdote deposita las formas consagradas durante la eucaristía.

Mis primeros libros

- El Avemaría
- Dios nuestro Padre
- El libro de la Primera Comunión
- Mi libro de misa
- Mi primer catecismo
- Mi primer evangelio
- Mis primeras oraciones
- El Padrenuestro
- Preparamos la Navidad